# TABLEAUX

PORCELAINES

**Meubles Anciens**

**TAPISSERIES**

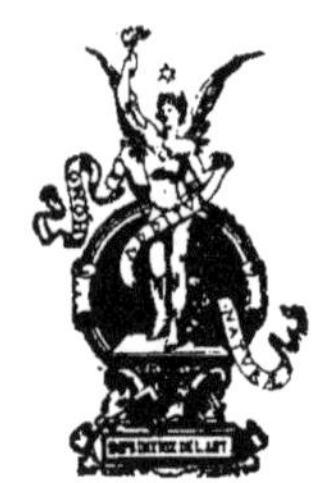

CATALOGUE

DE

# 1° Objets appartenant à Divers

DESSINS — GOUACHE

# TABLEAUX

ANCIENS ET MODERNES

*Par ou d'après*

DELACROIX, DUPUIS, FICHEL, GUILLOU, RENOUX, WASHINGTON, WYCK, ETC., ETC.

## PORCELAINES ANCIENNES

Saxe — Sèvres — Chine

BRONZE, "Danaïde", de RODIN

*Bois sculptés, Harpe*

## MEUBLES ANCIENS

ENCOIGNURES, COMMODE, CABINET. TABLE CONSOLE LOUIS XIV, ETC.

**Beau Secrétaire en bois de rose et bronzes dorés d'époque Louis XVI**

SIÈGES DIVERS

Ameublement de salon en bois doré, recouvert de tapisserie d'Aubusson de style Louis XVI

TAPISSERIES, SOIERIES

# 2° Objets dépendant de la Succession de Mme RONCAJOLO

*(Par suite d'acceptation bénéficiaire)*

GROUPE EN MARBRE, D'AUGUSTE MOREAU

**Importante suite de Cinq TAPISSERIES anciennes d'Aubusson**

A PETITS PERSONNAGES

TAPIS DE SMYRNE

*Dont la Vente aura lieu, à Paris*

## HOTEL DROUOT, SALLE N° 11

**LE MERCREDI 22 JUIN 1910**

A DEUX HEURES

| Mᵉ E. BOUDIN | M. R. BLÉE |
|---|---|
| COMMISSAIRE-PRISEUR | EXPERT |
| 11, rue Grange-Batelière | 53, rue de Châteaudun |

*Chez lesquels se distribue le présent Catalogue*

EXPOSITION PUBLIQUE

**Le Mardi 21 Juin 1910, de deux heures à six heures**

## CONDITIONS DE LA VENTE

Elle sera faite au comptant.

Les adjudicataires paieront *dix pour cent* en sus des enchères.

L'exposition mettant le public à même de se rendre compte de la nature et de l'état des objets, il ne sera admis aucune réclamation une fois l'adjudication prononcée.

Paris. — Imprimerie de l'Art, Ch. Berger, 41, rue de la Victoire.

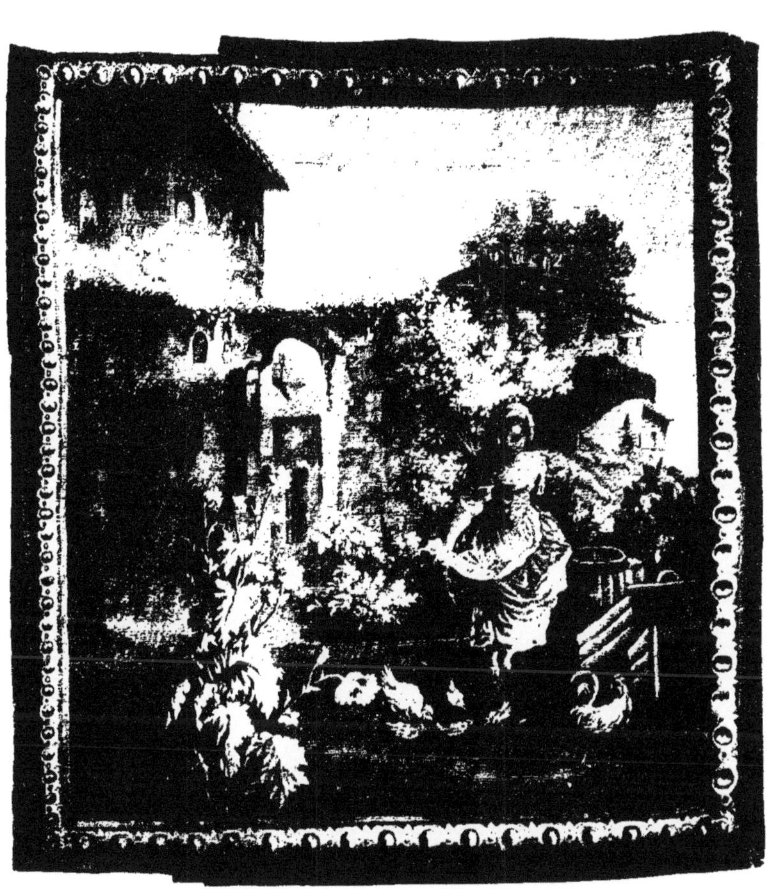

94

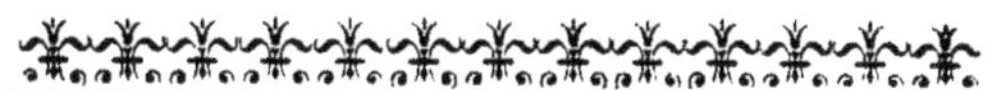

# DÉSIGNATION

## TABLEAUX

### DESSINS, GOUACHE

ÉCOLE FRANÇAISE

1 — *Profil de Guerrier grec. — Jeune Femme phrygienne.*

Deux dessins à la mine de plomb.

ÉCOLE FRANÇAISE

2 — *Sujet biblique.*

Gouache, XVIIe siècle.
Cadre en bois sculpté et doré.

DELACROIX (E.)

3 — *Coin de Champ de bataille : Cavalier et chevaux morts.*

Carton. Haut., 30 cent.; larg., 36 cent.

DUPUIS (Pierre)

4 — *La Vague.*

Toile. Haut., 2 m. 30 cent.; larg., 1 m. 35 cent.

(*Salon de 1879.*)

FICHEL (E.)

5 — *Portrait de Femme.*

Vue de face, cheveux à bandeaux noirs, vêtue d'une robe de soie verte.

Panneau. Daté : *1852.*

GUILLOU (A.)

6 — *Paysage animé.*

Toile. Haut., 215 millim.; larg., 31 cent.

GUYS (Constantin)

7 — *Équipages, Amazones et Cavaliers à Bagatelle.*

Aquarelle.

GUYS (Constantin)

8 — *Équipage et Jeune Femme sous bois.*

Aquarelle.

RENOUX

9 — *Moines dans une Abbaye.*

Sigr. et daté : *1830.*

Toile. Haut., 55 cent.; larg., 47 cent.

SOREUIL (?)

10 — *Garde française et Jeune Servante.*

Toile. Haut., 22 cent.; larg., 275 millim.

SWEBACH-DESFONTAINES (École de)

11 — *Le Relai.*

Panneau. Haut., 20 cent. ; larg., 28 cent.

VERBOECKHOVEN (École de)

12 — *Moutons, bélier et canard.*

Toile. Haut., 37 cent.; larg., 32 cent.

WASHINGTON (G.)

13 — *Cavaliers arabes et troupeau de moutons.*

Haut., 215 millim.; larg., 41 cent.

ÉCOLE FRANÇAISE (XVIIIe siècle)

14 — *Paysage animé de personnages.*

Dans l'esprit de WATTEAU.

ÉCOLE FRANÇAISE

15-16 — Deux panneaux décoratifs peints sur toile, représentant des Vues d'Orient.

ÉCOLE FRANÇAISE

17 — *Église dans un paysage montagneux.*

Toile. Haut., 33 cent.; larg., 475 millim.

## ÉCOLE FRANÇAISE (XIXe siècle)

18 — *Portrait carré d'Homme.*

Bois. Haut., 61 cent.; larg., 51 cent.

## ÉCOLE FRANÇAISE
(Attribué à WYCK DE BESANÇON)

19 — *Portrait ovale d'Homme.*

Vu de face, regardant légèrement à gauche, vêtu d'un habit marron, col blanc et jabot de dentelle, perruque poudrée.

Ce portrait, au regard fin et à la bouche spirituelle, peut être supposé celui de Voltaire.

Haut., 615 millim.; larg., 505 millim.

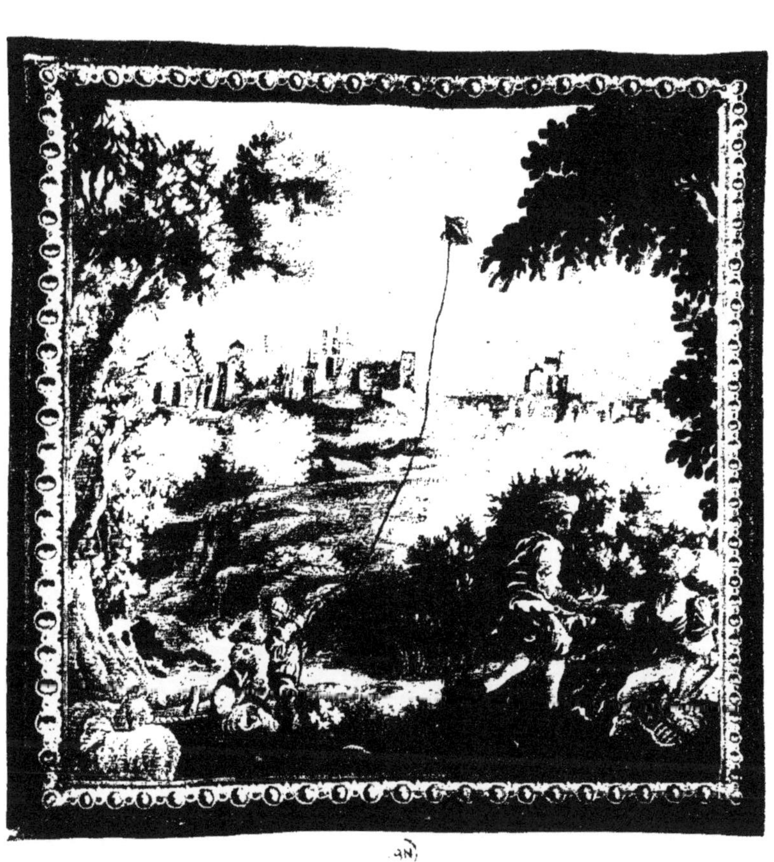

84

# PORCELAINE

## SAXE — SÈVRES

20 — Bonbonnière, forme coquille, en porcelaine et cuivre.

21 — Petite coupe à trois pieds-griffes, décorée au fond d'un médaillon : Jeune femme et Amour. Porcelaine de Saxe.

22 — Deux petits vases, décorés de réserves à attributs sur fond bleu de roi, fleurs et mascaron.

23 — Boite et couvercle en porcelaine du Japon.

24 — Petits objets divers : tasses, cachets en pierres dures, petit vase, vase en ivoire, boite, etc. (Sera divisé.)

25 — Deux petits vases-bouteilles, décor bleu. Porcelaine de Chine.

26 — Bol en biscuit de Wedgwood.

27 — Deux tasses et deux soucoupes. Ancienne porcelaine de Ludwisburg.

28 — Deux assiettes, décorées de fleurs. Porcelaine de Saxe-Marcollini.

29 — Assiette, décorée de fleurs en rouge et marly gaufré. Ancienne porcelaine de Ludwisburg.

30 — Pot à une anse et son couvercle, décor de fleurs. Porcelaine de Saxe-Marcollini.

31 — Pichet côtelé, à décor d'arbres fleuris en rouge rehaussé d'or. Ancienne porcelaine de Saxe.

32 — Corbeille oblongue imitant le jonc, décorée de petites fleurettes bleues. Ancienne porcelaine de Saxe.

33 — Pichet, à décor de fleurs et marly gaufré. Ancienne porcelaine de Ludwisburg.

34 — Service tête-à-tête en porcelaine de Paris, décor côtelé sur fond bleu rehaussé d'or et guirlandes de fleurs.

35 — Brûle-parfum en porcelaine de Saxe, décoré de personnages.

36 — Sucrier formé d'une petite nacelle en porcelaine de Hochst. Base en bronze ciselé.

37 — Statuette de jeune enfant figurant l'Hiver. Ancienne porcelaine de Saxe.

38 — Deux petits chiens assis en faïence ancienne.

39 — Jeune femme couchée en porcelaine de Saxe.

40 — Hanap à piédouche en verre, décoré de deux combattants et d'ornements en grisaille.

41 — Coupe en verre irisé.

42 — Groupe de trois personnages : l'Arracheur de dents. Porcelaine de Saxe.

43 — Groupe : l'Amour préparant ses philtres. Ancienne porcelaine de Saxe.

44 — Groupe : Taureau attaqué par des chiens. Porcelaine de Nymphenbourg.

45 — Groupe : le Lever. Porcelaine de Saxe.

46 — Groupe de deux enfants chantant, assis sur un pouff, terrasse à rocaille. Ancienne porcelaine de Saxe.

47 — Grande statuette de danseur en ancienne porcelaine de Saxe.

48 — Statuette d'enfant figurant l'Astronomie. Ancienne porcelaine de Saxe.

49 — Petite statuette d'amour, vêtu d'un manteau rouge. Ancienne porcelaine de Saxe.

50 — Statuette : la Marchande de pommes. Ancienne porcelaine de Saxe.

51 — Statuette de jeune fille tenant des fleurs. Ancienne porcelaine de Hochst.

52 — Statuette de jeune garçon tenant son chapeau rempli de fleurs. Ancienne porcelaine de Frankenthal.

53 — Statuette de Neptune. Ancienne porcelaine de Saxe.

54 — Statuette de jeune fille, terrasse rocaille. Ancienne porcelaine de Saxe.

55 — Statuette de jeune homme en habit rose à fleurettes. Ancienne porcelaine de Saxe.

56 — Statuette de jeune fille assise sur un tertre, jouant de la flûte, terrasse à rocaille. Ancienne porcelaine de Saxe.

57 — Statuette de jeune homme tenant des fruits. Ancienne porcelaine de Saxe.

58 — Statuette de Junon. Ancienne porcelaine de Saxe.

59 — Deux tasses droites, à décor de semis de fleurettes sur fond blanc, bords dorés à dentelures. Ancienne porcelaine pâte tendre de Sèvres.

60 — Deux grandes tasses droites, décorées de bouquets de fleurs. Ancienne porcelaine pâte tendre de Sèvres.

61 — Deux sucriers et leur couvercle, sur plateaux adhérents, décorés de bouquets de fleurs. Ancienne porcelaine pâte tendre de Sèvres.

62 — Deux vases et leur couvercle en ancienne porcelaine de Chine, décor Kang-hi de fleurs et animaux.

## BRONZE, PENDULE

63 — *Bronze à patine brune : Danaïde, de Rodin.*

Haut., 21 cent.; larg., 39 cent.

64 — Pendule d'applique et son culot en marqueterie de cuivre sur fond d'écaille orné de bronzes à têtes de femmes, moulures, etc. : la partie supérieure est ornée d'un cavalier.

65 — Deux étriers en argent ciselé.

## BOIS SCULPTÉS, HARPE

66 — Statuette de Sainte Anne et de la Vierge enfant en bois sculpté. XVIIe siècle.

67 — Statue de pape en bois sculpté polychrome et doré. XVIIe siècle.

68 — Statue de sainte en bois sculpté polychrome et doré. XVIIe siècle.

69 — Deux grandes colonnes torses ornées de ceps de vignes et grappes de raisin en bois sculpté et doré sur fond noir. XVIIe siècle.

70 — Harpe en bois satiné et colonne cannelée d'ornements dorés : têtes de béliers, guirlandes de fleurs, etc. Signée : *Cousineau, à Paris.* Époque Empire.

# MEUBLES

71 — Table à ouvrage en acajou à pied support en forme de lyre. Époque Empire.

72 — Deux supports à quatre pieds en bois dur incrusté de nacre.

73 — Petite table-support en bois naturel décoré en pyrogravure.

74 — Coffre en bois naturel, décor en pyrogravure de personnages.

75 — Deux encoignures en acajou verni et filet de marqueterie, dessus marbre. Époque Louis XVI.

76 — Commode en marqueterie de bois de violette, poignées et entrées de serrures en bronze. Marbre Sainte Anne. XVII^e^ siècle.

77 — Table tric-trac en bois d'acajou à pieds cannelés, époque Louis XVI. Dames en ivoire.

78 — Important cabinet en palissandre marqueté et écaille à filets d'ivoire, ouvrant à onze tiroirs et une porte centrale à colonnes ; il est surmonté d'une galerie en cuivre à balustres, coupée à son milieu d'un motif en retrait; et repose sur six pieds boules à griffes, ornements, statuettes, entrée de serrures en bronze ciselé et doré. Ce meuble repose sur une table de travail analogue. Espagne. XVII^e^ siècle.

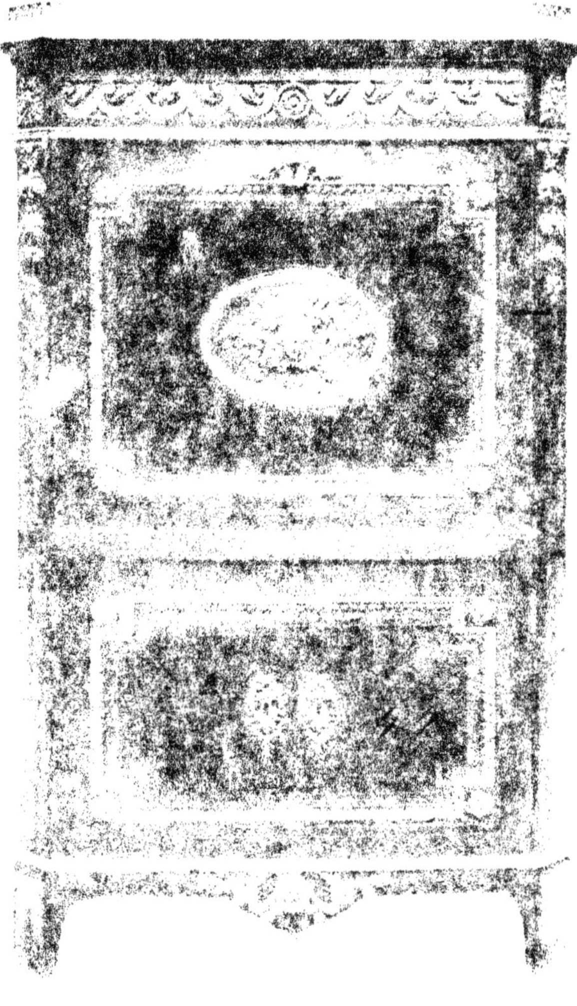

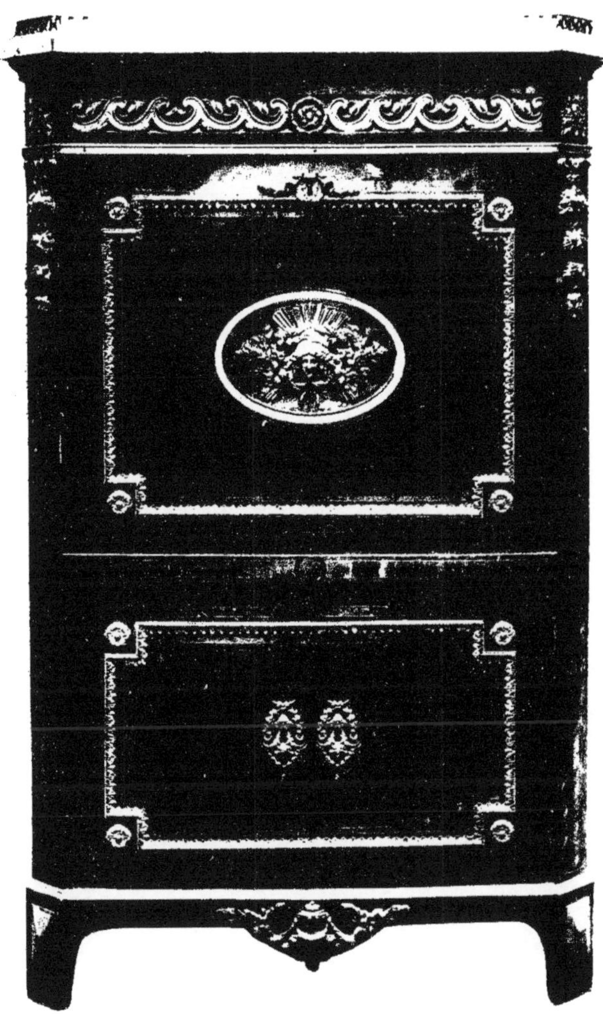

79 — Table-console à quatre pieds reliés par un croisillon, bois sculpté et doré, époque Louis XIV. Marbre brèche.

80 — Secrétaire à pans coupés, ouvrant à un tiroir, un abattant et deux petites portes dans le bas, en bois de rose frisé et filets de citronnier, orné de postes, chutes à grappes de fruits, rosaces, moulures à feuilles d'acanthes, entrées de serrures tablier et d'un motif central sur l'abattant à mascaron, rayonnement et branches de laurier en bronze finement ciselés et dorés. Dessus en marbre brèche mouluré, à galerie de cuivre ajourée. Meuble signé de *P. de Losse*. Époque Louis XVI.

Haut., 1 m. 45 cent.; larg., 87 cent.; prof., 39 cent.

# SIÈGES

81 — Quatre chaises volantes en bois sculpté et doré, de style Louis XVI, recouvertes en soie brochée.

82 — Chaise chauffeuse en chêne sculpté.

83 — Canapé à haut dossier en bois sculpté et doré, recouvert de damas vert, XVIII$^{e}$ siècle.

84 — Deux fauteuils à hauts dossiers en bois tourné et sculpté, recouverts de damas vert, XVII$^{e}$ siècle.

85 — Ameublement de salon, comprenant un canapé, quatre fauteuils et quatre chaises en bois sculpté et doré, à consoles, feuilles d'acanthes, rosaces, carquois, flambeau et couronnes de fleurs, recouvert de tapisserie d'Aubusson, représentant des personnages aux dossiers et des sujets champêtres sur les sièges. Style Louis XVI.

## SOIERIES, TAPISSERIES

86 — Tapis de soie verte, richement brodé de rinceaux fleuris en argent et de bouquets de fleurs brodés au passé de soie de couleurs. Bordure effilé. XVIIIe siècle.

1 m. 35 cent. × 1 m. 80 cent.

87 — Tapis formé d'une soierie verte brochée de bouquets et de rubans. XVIIIe siècle. Bordure en passementerie.

2 m. 15 cent. × 1 m. 95 cent.

88 — Autre tapis formé d'une soierie verte brochée de grosses fleurs et de rocailles. XVIIIe siècle.

1 m. 95 cent. × 2 m. 20 cent.

89 — Panneau de tapisserie, à décor de dragon et petits personnages.

90 — Fragment de bordure.

91 — Grande tapisserie flamande, présentant : le Jugement de Pâris. XVIIIe siècle.

3 m. 20 cent. × 2 m. 40 cent.

92 — Objets omis.

Hélio Fortier et Marotte

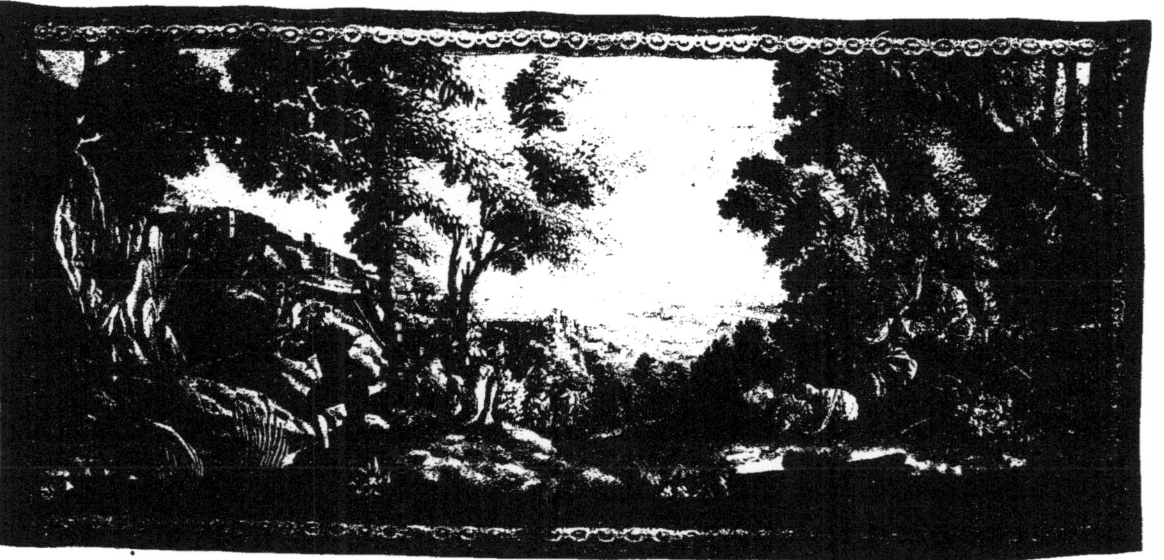

94

Hélio Fortier et Marotte

# OBJETS

## Dépendant de la succession de Mme Roncajolo

VENTE PAR SUITE D'ACCEPTATION BÉNÉFICIAIRE

93 — Groupe : L'Amour désarmé. Marbre blanc sculpté. Signé : *Auguste Moreau.*

94 — Suite de cinq tapisseries d'Aubusson du XVIIIe siècle, à compositions champêtres :

1° Panneau de tapisserie présentant « la Provende ». Une jeune fermière donne le grain à des coq, poule et poussin ; au fond, une ferme ; au premier plan, des pavots.

Bordure à oves sur quatre côtés.

Haut., 1 m. 72 cent. ; larg., 1 m. 66 cent.

Sans les bordures.

2° Panneau de tapisserie présentant le Cerf-volant. Dans un paysage clair, agrémenté de châteaux, rochers et cours d'eau, de jeunes enfants lancent un cerf-volant, tandis que deux personnages causent.

Bordure à oves sur les quatre côtés.

Haut., 1 m. 76 cent. ; larg., 1 m. 78 cent.

Sans les bordures.

3° Tapisserie présentant les Chasseurs. Dans un paysage clair et valonné, deux chasseurs se livrent à leur sport favori, tandis qu'à droite un berger couronne et orne de fleurs deux bergères assises près de leurs troupeaux.

Bordure à oves sur les quatre côtés.

Haut., 1 m. 75 cent. ; larg., 3 m. 95 cent

Sans les bordures.

4° Panneau de tapisserie présentant un jeune berger jouant de la flûte et gardant son troupeau de moutons dans un paysage clair, agrémenté de rochers et de cours d'eau; à droite, se trouve une stèle supportant un vase Médicis.

Bordure à oves sur les deux côtés.

Haut., 1 m. 98 cent.; larg., 2 m. 08 cent.

Sans les bordures.

5° Panneau de tapisserie présentant un moulin dans un paysage agrémenté d'un pont et d'un château; au premier plan, des chèvres et des moutons.

Bordure à oves des quatre côtés.

Haut., 1 m. 75 cent ; larg., 2 m. 35 cent.

Sans les bordures

95 — Tapis de Smyrne, de tons rouge, vert et bleu, à encadrement.

6 mètres × 5 mètres.

96 — Tapis galerie de Smyrne, de tons rouge, vert et bleu, et encadrement.

5 mètres × 2 m. 70 cent.

97 — Autre tapis de Smyrne, de tons rouge, vert et bleu, et encadrement.

6 mètres × 5 m. 50 cent.

98 — Objets omis.

www.ingramcontent.com/pod-product-compliance
Ingram Content Group UK Ltd.
Pitfield, Milton Keynes, MK11 3LW, UK
UKHW020517180726
13839UKWI100005B/2144

9 782329 491660